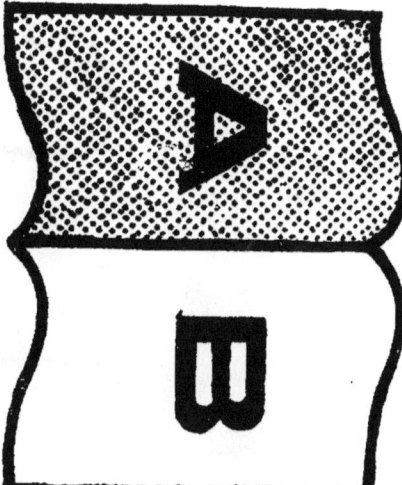

Contraste insuffisant
NF Z 43-120-14

Valable pour tout ou partie du document reproduit

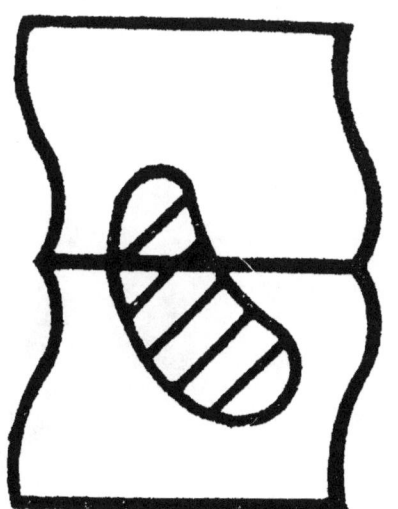

Illisibilité partielle

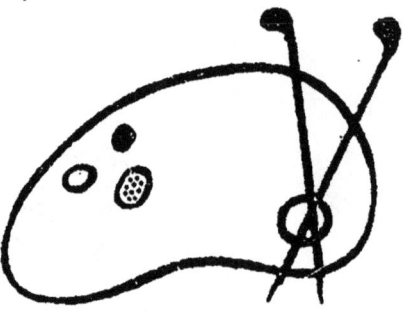

Couvertures supérieure et inférieure
en couleur

SOCIÉTÉ DE GÉOGRAPHIE DE LILLE

LA VIE,
LES VOYAGES ET AVENTURES
DE
GILBERT DE LANNOY,
CHEVALIER LILLOIS,
AU XVe SIÈCLE

PAR

L. QUARRÉ-REYBOURBON

Secrétaire-adjoint et Archiviste de la Société de Géographie de Lille, etc.

*Travail lu aux réunions des Sociétés savantes,
section de Géographie historique et descriptive, le 12 Juin 1889.*

LILLE,
L. QUARRÉ, LIBRAIRE-ÉDITEUR,
Grande-Place, 64.
1890

LA VIE,

LES VOYAGES ET AVENTURES

DE

GILBERT DE LANNOY.

LA VIE,
LES VOYAGES ET AVENTURES

DE

GILBERT DE LANNOY,

CHEVALIER LILLOIS,

AU XV° SIÈCLE

PAR

L. QUARRÉ-REYBOURBON

Secrétaire-adjoint et Archiviste de la Société de Géographie de Lille, etc.

*Travail lu aux réunions des Sociétés savantes,
section de Géographie historique et descriptive, le 12 Juin 1889.*

LILLE,
L. QUARRÉ, LIBRAIRE-ÉDITEUR,
Grande-Place, 64.
1890.

LA VIE, LES VOYAGES & AVENTURES
DE GILBERT DE LANNOY,
CHEVALIER LILLOIS
AU XVe SIÈCLE.

 Plusieurs auteurs belges ont placé le nom de Gilbert de Lannoy sur la liste des voyageurs célèbres de leur nation et ont publié ses mémoires dans les collections de leurs écrivains. Nous revendiquons ce chevalier, tout à la fois soldat, diplomate et voyageur, pour la ville de Lille. Il appartenait à une noble famille qui tirait son origine et son nom d'une ville de la châtellenie de Lille ; ses parents sont Gilbert de Lannoy, seigneur de Santes, village de la même châtellenie, et de Catherine de Molembaix, appartenant à une famille du Hainaut français, et ils avaient leur hôtel à Lille ; il occupait lui-même cet hôtel, il y mourut et fut enterré à Lille. Il était donc non point belge, mais français et lillois. La Belgique, nous nous faisons un devoir de le rappeler, compte, parmi ses enfants, un grand nombre d'illustres voyageurs ; elle est assez riche pour ne pas emprunter ceux dont le nom et la gloire appartiennent à ses voisins du département du Nord.

 Il existe plusieurs manuscrits qui renferment le récit des voyages de Gilbert de Lannoy. Le plus important se trouve à la Bibliothèque de Bourgogne à Bruxelles. Sous le n° 21,522, il forme un gros volume en papier, de 228 pages, contenant divers ouvrages. C'est en second lieu que vient la partie qui a pour titre : *Voyages de Guillebert de Lannoy en terre Sainte* (1). Ce manuscrit qui a appartenu à la Bibliothèque des Bollandistes d'Anvers, s'est trouvé entre les mains de M. Serrure lequel en 1840 a publié d'après ce manuscrit et sans commentaires, les *Voyages de Gilbert de Lannoy* dans les mémoires de la Société des bibliophiles du Hainaut (2). Ce manuscrit a été vendu, en 1857, à la Bibliothèque de Bourgogne, où il se trouve aujourd'hui. C'est surtout d'après ce précieux recueil qu'a paru, en 1878, la publication, qui est intitulée : *Œuvres de Guillebert de Lannoy* avec notes par MM. Ch. Potvin et J.-C. Houzeau (3). Précédemment M. Joachim Lelewel avait fait paraître un travail sur Gilbert en français et en polonais (4).

Nous avons emprunté à M. Potvin l'ensemble du récit qui va suivre :

Gilbert est le véritable type de l'ancien chevalier errant, devenu diplomate et voyageur, curieux de savoir et avide de s'instruire, tantôt soldat de fortune cherchant les aventures et payant largement de sa personne, tantôt envoyé comme ambassadeur par Jean-sans-Peur et

---

(1) Inventaire des manuscrits trouvés dans la bibliothèque des historiographes (les bollandistes) d'Anvers, 1779 (Bibliothèque de Bourgogne, N° 17,747).
Après une liste sommaire des ouvrages trouvés dans ce volume où le voyage de Gilbert vient en second lieu, l'inventaire ajoute : « Ce manuscrit, qui a appartenu au Collège de Bruxelles, a été acheté par le *Museum Bellarmini*.
Le titre de Voyages de Gilbert en terre sainte n'est pas exact ; car ce manuscrit contient l'ouvrage entier des *Voyages et Ambassades*.

(2) Voyages et ambassades de Messire Guillebert de Lannoy, chevalier de la Toison-d'Or, seigneur de Santes, Willerval, Tronchiennes, Beaumont et Wahegnies, 1399-1450. Mons, typographie d'Em. Hoyois, libraire, MDCCCXL, 140 pages in-8°, carte (129 pages pour le manuscrit et 10 pages pour le glossaire).

(3) Œuvres de Guillebert de Lannoy, voyageur, diplomate et moraliste, recueillies et publiées par Ch. Potvin, avec des notes géographiques et une carte par J.-C. Houzeau. Louvain, imprimerie de P. et J. Lefever, rue des Orphelins, 1878, 551 pages in-8° et carte.

(4) Guillebert de Lannoy et ses voyages en 1413, 1414 et 1421, commentés en français et en polonais, par Joachim Lelewel. Nov. 1843, suivi d'une traduction polonaise datée de Posnan, 1844.
Lelewel a réimprimé dans cette brochure et traduit en regard, en polonais, la partie des *voyages* qui concernent la Prusse, la Pologne et la Lithuanie, 1413, 1414, 1421.

Nous trouvons en Angleterre. — A. Survey of Egypt and Syria, undertaken in the jour 1422, by sir Gilbert de Lannoy, etc., 1821.
Édition du manuscrit de la bibliothèque Bodléienne d'Oxford, publiée dans l'*Archæologia Britannica*, par M. John Webb, avec traduction anglaise et notes (t. XX, p. 281, 444).
Nous reparlerons de ce manuscrit dans le cours du travail.

Philippe-le-Bon, tantôt enfin simple pèlerin ou voyageur. L'amour du merveilleux, l'intrépidité, l'indépendance, la piété, l'insouciance de l'homme de guerre, rien ne manque pour rendre son caractère complet.

Les généalogistes nous apprennent qu'il se maria trois fois ; sa première femme fut Éléonore d'Esquiennes, la seconde Jeanne de Ghistelle et la troisième Élisabeth de Drinkham, dame de Willerval ; il n'eut d'enfants que de ces deux dernières.

Né en 1386, d'une famille dont les membres s'étaient illustrés sur les champs de bataille au service du Comte de Flandre, il fit ses premières armes dès l'âge de 13 ans, en 1399, dans une expédition en Angleterre, dirigée par le Comte de St-Pol, contre Henri de Lancastre (1).

Cette expédition, faite en faveur du roi Richard, ne put empêcher ce roi d'être vaincu, fait prisonnier, puis égorgé dans sa prison.

L'année suivante, dans une autre expédition menée par le comte de la Marche, le vaisseau sur lequel était monté Gilbert sombra devant Saint-Malo ; tout l'équipage périt sauf les gentilshommes qui se sauvèrent à la nage.

En 1401 (2), âgé de 15 ans, il entreprend, avec le sénéschal du Hainaut, son premier voyage à Jérusalem. Il s'embarque à Gênes, suit le chemin ordinaire des pèlerins, visite les Saints Lieux, par Sainte-Catherine, pèlerinage très fréquenté sur le Sinaï, par la ville de Constantinople où il fut reçu par l'empereur d'Orient et où il vit beaucoup de reliques, entre autres le fer de la lance qui perça le flanc de Notre-Seigneur. Après avoir consacré un an à ce voyage et avoir parcouru toute la Turquie et l'Égypte, il fait relâche dans les îles de la Méditerranée et revient par la Sicile.

En 1404, il marche sous les ordres du duc de Bourgogne, Jean-sans-

---

(1) C'est par le récit de ce premier fait que commence le manuscrit N° 21,522 de la Bibliothèque de Bruxelles :

« *Cy commencent les voyaiges que fist Messire Guillebert de Lannoy, en son temps seigneur de Santes, de Willerval, de Tronchiennes et de Wahégnies.* »

« L'an mil trois cens quatrevins et dix-neuf, après la Toussaint, fus en ma première armée, avecq Monseigneur Walleran de Saint-Pol, à une descendue qu'il fist en Angleterre, en l'isle de Wit (Wight) où il y eut cincq cens chevalliers, que escuiers, cottes d'armes vestues. »

(2) *Manuscrit.* L'an mille quatre cens et ung, au mois d'apvril, après cette armée, me party en la compaignie de Monseineur le Seneschal, pour faire le saint voyage de Jherusalem, ouquel nous demourasmes deux ans..........

Peur, contre les Liégeois qui sont défaits. De là, il se rend à Valence, en Espagne, pour assister, en présence de Martin, roi d'Aragon, à un tournoi où lui et ses amis étaient autorisés à se mesurer avec quatre gentilshommes gascons et aragonais.

Le roi Ferdinand de Castille était en guerre avec les Maures qui menaçaient l'Espagne, de Lannoy court s'engager dans son armée en juillet 1405 et prend part à diverses affaires. Il passe en Portugal où le roi l'accueille avec distinction et lui paie les dépenses de son voyage.

Quelque temps après, il se trouve à Paris assistant à l'hôtel de St-Pol à la séance dans laquelle sont prononcées les célèbres propositions de maître Jean Petit au sujet du meurtre du duc d'Orléans, en présence des rois de France et de Navarre, des ducs de Bourgogne, de Bavière, de Bourbon, de Bar et de Lorraine.

Une seconde guerre rappela Gilbert en Castille. Il part de l'Écluse, en avril 1408, sur la flotte espagnole, mais celle-ci est en partie détruite par une tempête et en partie par les vaisseaux anglais qui firent prisonniers les hommes épargnés par la mer. Un seul bâtiment, celui sur lequel se trouvait notre jeune guerrier, put s'échapper et parvenir, après six semaines de voyage, à se réfugier à Harfleur. De Lannoy se rendit par la Seine à Paris où il acheta des chevaux. De là, par la voie de terre, il se rendit à Séville pour combattre les Maures sous les ordres de l'infant Ferdinand. Il fut blessé dans une bataille. La guerre finie et ses plaies fermées, il profita de son séjour en Espagne pour visiter Grenade et les autres principales villes de la péninsule.

A son arrivée en France, Gilbert trouva les Bourguignons luttant contre les Armagnacs qui venaient de s'allier avec Henri de Lancastre, devenu roi d'Angleterre. Il entre, en mai 1409, au service du duc Jean de Bourgogne (1) lequel en fait son échanson. Il abandonne bientôt cette pacifique occupation pour aider le roi de France à soumettre le Poitou et le Limousin, sous les ordres du maréchal de Helly.

Ne pouvant rester en repos, l'amour des voyages et son esprit inquiet l'emportent encore; après une blessure « dont je portai, dit-il, » la mouche en la cuisse plus de neuf mois », une nouvelle croisade le fit partir de la Flandre où il résidait, non plus contre les Maures d'Es-

---

(1) *Manuscrit.* L'an mille quatre cens et neuf, ou mois de may, fus retenus à Paris eschasson de Monseigneur le duc Jehan de Bourgongne............

pagne mais contre les *mécréans* de Pologne. Les chevaliers teutoniques de Prusse nommaient ainsi leurs voisins auxquels ils disputaient la Poméranie.

Il s'embarque à l'Écluse (1), passe devant les îles de Zélande, la Hollande et la Frise, s'arrête quelques jours dans un petit port de Danemark, laisse la Norwège à gauche, entre dans le Sund, visite Elseneur et arrive enfin à Dantzick. Avec les chevaliers de l'ordre teutonique, notre guerrier se rend successivement dans les îles de la Baltique, en Lithuanie, à Lubeck, à Konigsberg, en Pologne, en Poméranie. Après avoir été grièvement blessé au siège de la ville de Massow, que les assaillants durent abandonner, il reçoit l'ordre de la chevalerie en récompense de son indomptable bravoure.

Une révolution survint dans l'ordre des chevaliers teutoniques, plus guerrier que religieux: le grand maître, accusé de favoriser Wiclef, est arrêté, dégradé, jeté en prison (2). Gilbert accepte le fait accompli, prend part à toutes les expéditions et voyages des chevaliers. On dirait qu'il a le don de se multiplier. En même temps il visite le pays en voyageur.

Il voit Riga et toute la Livonie. En Courlande, quoique la population soit chrétienne, il trouve une secte dont les membres se font brûler après leur mort, vêtus de leurs plus riches accoutrements. « Si la fumée » de bois de chêne qui s'élève du bûcher s'élance vers le ciel, ces gens-» là croient que l'âme du défunt est sauvée ; si elle prend une direction » oblique, ils sont persuadés qu'elle est damnée » (3).

Poussé par l'amour des combats il revient à Riga; mais, ne trouvant aucune expédition militaire préparée pour la saison, Gilbert se rend à Novogorod en Russie, où il arrive monté sur un traîneau selon l'usage du pays. « Novogorod, ajoute notre voyageur, est une merveilleuse » grande ville, située dans une belle plaine, entourée de vastes forêts... » Mais la ville est fermée de méchantes murailles faites d'argile et de

---

(1) *Manuscrit.* L'an mille quatre cens et douse, ou mois de mars, me party de l'Escluse pour aller en Prusse contre les mescréans ....

(2) *Manuscrit.* .... fut le hault maistre.... prins prisonnier par le mareschal et autres commandeurs, ses hayneurs. Sy fut dégradé et déposé en son estat pour aucunes deffautes qu'ilz luy imposoient, et fut mis en une forte tour.......

(3) ..... Et croyant se la lumière va droit ou ciel, que l'âme est sauvée, mais, s'elle va soufflant de costé, que l'âme est périe.

» terre. On y trouve de riches seigneurs appelés boyards... et un
» marché où les femmes sont vendues publiquement (1). Les dames y
» portent des cheveux divisés en deux tresses pendantes sur le dos ;
» les hommes n'en ont qu'une » (2).

Sous un costume de marchand, il quitte Novogorod et parcourt une autre partie de la Russie, voyageant sur un traîneau. Il arrive, après plusieurs jours de marche, à la cour de Witholt, duc de Lithuanie, dont le peuple avait embrassé le christianisme grâce aux efforts de l'ordre teutonique. Ce prince est si généreux, si hospitalier, que tous les étrangers venant en son pays sont nourris et hébergés à ses frais. Quelques semaines après, Gilbert retrouve Witholt au château de Posen, sur le Memmel, à cinq lieues de Toki, seconde ville de Lithuanie, où il assiste avec lui à une grande chasse.

Il revient ensuite à Dantzick, s'empresse d'aller remercier à Mariembourg les chevaliers de l'ordre teutonique du bon accueil qu'ils lui ont fait, et se rend à la cour du roi de Pologne, visitant, sur son passage, plusieurs châteaux échelonnés sur la route (3).

Il est reçu par le roi avec la plus grande distinction. Ce prince donna un magnifique repas en son honneur et lui remit au départ des lettres pour le roi de France et une coupe dorée en reconnaissance des services qu'il lui avait rendus en combattant pour lui dans la dernière campagne contre le duc de Poméranie (4).

De Lannoy part de la Pologne pour se rendre chez le roi Jean de Bohême qui se trouvait à Prague. Ce royaume était en proie à de violentes commotions politiques et religieuses par suite des prédications de Jean Huss (5). Notre voyageur se hâta de quitter le pays pour se rendre en Autriche.

---

(1) *Manuscrit*. ..... Et changent leurs femmes, l'une pour l'autre, pour une keucelle d'argent ou deux, ainsy comme ilz sont d'accord que l'un donne de soulte..

(2) *Manuscrit*. .... Ont les dames deux triches de leurs cheveulz pendans derrière leurs dos, et les hommes une triche........

(3) *Manuscrit*. .... De Danzicque, m'en revins à Mariembourg et prins congié aux hauls maitre et seigneurs de l'ordre, et puis me party pour aler au royaume de Poulane.......

(4) *Manuscrit*. .... Me fist ledit roy honneur et bonne chière, et fist à ung jour sollempnel un très merveilleux et beau disner, et me fist seoir à sa table......

(5) *Manuscrit*. .... Estoit alors tout le royaume, pour l'occasion d'un homme prescheur, nommé Housse, en division l'un contre l'autre.........

M. Léopold Devillers, le savant archiviste de Mons, qui a compulsé les archives des comptes du Hainaut, fait connaître que les expéditions en faveur des chevaliers teutoniques étaient coutumières aux jeunes seigneurs du Hainaut, que le fils du comte y conduisait d'ordinaire. La Prusse, dit-il, « fut longtemps encore une contrée de prédilection pour tout nouveau chevalier qui veut acquérir de la renommée » (1).

Au retour de Prusse, c'est un pèlerinage qui attire Gilbert, il part our l'Angleterre, pays ennemi; afin de visiter en Irlande le trou St-Patrice (2). Il est fait prisonnier par les Anglais, ce qui l'empêche d'assister au siège d'Arras (1414). Mais le duc de Bourgogne l'aide à payer sa rançon et il rentre en France à temps pour combattre, être blessé et fait prisonnier à la bataille d'Azincourt (1415) (3), où il n'échappe à la mort que par un prodige de sang-froid, et à la prison que moyennant une nouvelle rançon de 1,200 écus.

Messire de Lannoy avait gagné ses éperons en Prusse. Il conquit à Azincourt, avec les faveurs de Jean-sans-Peur et de son fils, une haute fonction : le gouvernement du château de l'Écluse qu'il garda trente années (4).

Le fils du duc, alors gouverneur des états du nord pour son père, lui confie, sous le nom d'office des divines provisions, l'intendance intellectuelle de sa maison ; Gilbert le suit partout, de 1416 à 1419 : dans la guerre contre les Armagnacs, dans son voyage en Hollande où le comte commence à s'immiscer aux affaires de Jacqueline de Bavière, dans les assemblées d'Arras et d'Amiens où Philippe recrute des adhésions à la politique armée de son père. Là il fait ses premières armes sur un terrain nouveau : La diplomatie.

Le duc Jean de Bourgogne, Jean-sans-Peur, est assassiné sur le pont de Montereau, le 10 septembre 1419. Philippe-le-Bon lui succède et

---

(1) Léopold Devillers. *Sur les expéditions des comtes de Hainaut et de Hollande en Prusse* (Bull. de la comm. d'histoire, 4ᵉ série, tome 5, page 127).

(2) *Manuscrit*. .... m'en aloy en Engleterre pour faire le voyaige de Saint-Patrice, lequel je ne peus pour lors faire, pour ce que je fus détenus et prins en Engleterre..........

(3) *Manuscrit*. .... L'an mille quatre cens et trèze, fut en la bataille de Rousseauville (Azincourt) navré au genoul et en la tette et couchié avec les mors, mais à les despouellier, je fus prins prisonnier.

(4) *Manuscrit*. L'an mille quatre cens et sèze, moy revenu de prison, je alay devers Monseigneur le duc Jehan de Bourgongne, lequel me donna la capitainerie de l'Écluse, où je, par la grâce de Dieu, regnay trente ans........

veut venger sa mort. Gilbert est envoyé en Angleterre avec l'évêque d'Arras, près le roi et réussit à l'intéresser à la cause de la vengeance du duc.

En 1420, Gilbert est du nombre des hommes de confiance que Philippe conduit à Montereau afin de s'emparer de cette ville et d'y reprendre le corps de son père. Il assiste ensuite au siège de Melun, qui dura cinq mois. Le sire de Brimen y étant mort, Gilbert reçoit, avec le titre de chambellan, le sceau secret, et pendant trois mois il ne quitte, ni jour, ni nuit, son souverain, portant sa bannière devant lui dans la bataille et couchant dans sa chambre et dans sa tente, comme son premier chambellan (1).

L'alliance du duc de Bourgogne et de tout le parti bourguignon français, avec le roi d'Angleterre, faisait des deux souverains, les maîtres de la France, les arbitres de l'Europe.

L'Orient était alors le grand marché du monde et en même temps le but des ambitions de la chrétienté et de la chevalerie. Gilbert qui avait déjà fait un pèlerinage et un voyage en cette contrée y fut chargé d'une mission politique par le roi d'Angleterre, en son nom et au nom du roi de France, dont il était régent, et par le fastueux duc de Bourgogne « principal esmouveur » (2).

Ce second voyage diffère du premier ; Gilbert n'est plus un jeune écuyer, attaché au sénéchal du Hainaut ; c'est un ambassadeur dans l'âge viril, entouré d'une suite nombreuse et brillante. Il partit de l'Écluse le 4 mai 1421 avec sept autres gentilhommes flamands, savoir : le Gallois-du-Bois, Colart le bâtard de Marquette, le bâtard de Lannoy, Jean de la Roe, Aggregy de Hem, le roi d'armes d'Artois le coppin de Poucque (3).

Il envoya ses bagages et joyaux par mer, et lui-même se rendit par terre en Prusse, en traversant le Brabant, la Gueldre, la Westphalie,

---

(1) L'an mille quatre cens et vingt, fus avecques Monseigneur le duc Philippe au siège de Motreau, où il reprint le corps de Monseigneur le duc Jehan, son père, et le fist porter en Bourgongne......... ...

(2) *Manuscrit.* Ce temps pendant, emprins le voyaige de Jhérusalem par terre, à la requette de roy d'Angleterre et du roy de France et de Monseigneur, principal esmouveur. Et lors fut Monseigneur de Roubaix, son beau-frère, mandé, pour lors estant à Arras, et lui fut ledit sceau de secret baillé et délivré.

(3) *Manuscrit.* L'an mille quatre cens vingt et ung, le quatrième jour de may, me party de l'Ecluse, moy huitième..........

Munster, Brême, Hambourg, Lubeck, Wismar, Rostock, le Mecklembourg et la Poméranie.

A son arrivée à Dantzick, il trouve le grand maître de Prusse avec tous les chevaliers de l'ordre teutonique ; à qui il remet les lettres et les présents dont il était porteur pour lui : « Ce seigneur, dit Gilbert,
» me fit grand honneur, il me donna plusieurs dîners, un roussin et
» une belle haquenée..... Je laissai en cette ville mon parent, Aggregy
» de Hem, chez le grand maître, messire Michel Cocquemeister, où il
» séjourna deux ans pour apprendre l'allemand (1). »

De la Prusse, Gilbert se rendit auprès du roi de Pologne qui se trouvait à Oziminy au milieu d'un désert : « Ce prince me fit grand
» honneur et envoya à trente lieues au devant de moi pour payer les
» dépenses de mon voyage. Au milieu du désert où il était, il me fit
» un beau logis de feuillages et de rameaux verts.... et il m'amena à
» la chasse pour prendre des ours sauvages vivants ; il me donna
» de beaux dîners, à l'un desquels il y avait plus de cent vingt
» plats (2). »

Le roi de Pologne lui remit des lettres de recommandation pour l'empereur des Turcs, avec qui il avait fait la guerre contre le roi de Hongrie. Il lui donna, comme marque de munificence, deux chevaux, deux haquenées, deux draps de soie, cent martres zibelines, des gants de Russie, trois coupes recouvertes en argent doré, cent florins de Hongrie et cent florins de Bohême. Les gentilshommes qui l'accompagnaient ainsi que ses gens de service, tels que les cuisiniers, valets d'écurie et autres, furent également comblés de présents.

Gilbert, était partout traité en ambassadeur de deux rois et d'un duc puissants. A Lembecq, il fait grande chère et danse avec les dames de la ville. A Belfz, la duchesse de la Moscovie, sœur du roi de Pologne, envoie des vivres et des provisions à son hôtel. Arrivé à Kamieniec, il revoit Witholt, duc de Lithuanie, de Lannoy le salue de la part des rois de France et d'Angleterre « lequel seigneur me fit
» aussi grand honneur et bonne chère et me donna trois fois à dîner

---

(1) *Manuscrit*..... lequel seigneur me fist grand honneur en moy donnant plusieurs diners, puis me donna ung roussin et une haghenée, et donna au roy d'armes d'Arthois dix nobles.

(2) *Manuscrit*..... et me donna deux très frisques diners, l'un par spécial où il y avait plus de soixante paires de metz, et me assist à sa table.........

» où je trouvai la duchesse sa femme et le duc Sarrazin de Tartarie ;
» c'est là que je vis manger un vendredi, au même repas, de la viande
» et du poisson...... Il y avait là un khan tartare portant une barbe
» qui lui descendait jusque sous les genoux (1). »

Voulant lui donner toute sécurité pour son voyage, Witholt le fit accompagner d'une escorte de deux Tartares et de seize Russes pour pénétrer en Turquie.

C'est avec satisfaction que de Lannoy aime à parler des réceptions qu'on lui fit dans le Nord : « Il me remit, écrit-il encore, deux vête-
» ments de soie, deux martres zibelines, quatre chevaux, quatre cha-
» peaux pointus de sa livrée, dix couvre-chefs dorés, quatre valises
» en cuir de Russie, un arc, des flèches et un carquoit de Tartarie, etc.,
» etc. Il y ajouta cent ducats et vingt pièces d'argent, valant cent
» ducats. Mais je refusai cet argent et je lui rendis, parce que, en ce
» moment-là, il était allié avec les Hussites contre notre vraie foi. La
» duchesse, sa femme, m'envoya un cordon d'or et un florin de Tar-
» tarie, destiné à être porté au cou pour sa livrée, etc., etc., mes
» gentilshommes reçurent également des cadeaux (2). »

L'ambassadeur voyage ensuite à travers la haute Russie, la Podolie, la Valachie et s'en va trouver à Cozial le Waïwode Alexandre qui lui apprend la mort de l'empereur turc, lui parle de la guerre que cet événement a soulevée et le détourne de continuer son voyage de ce côté. Il traverse de vastes déserts et arrive à Bialigorod sur la mer Noire, où il fut victime d'un attentat qui, heureusement, n'eut pas de suite fâcheuses :

« A l'entrée de la nuit que je rentrais à Bialigorod, nous fûmes, mon
» truchemen et moi, attaqués inopinément, jetés par terre et dépouillés
» de tout ce que nous avions sur nous. Je fus blessé assez fort au bras ;
» on m'ôta mes vêtements et l'on m'attacha tout nu à un arbre sur les
» bords de Dniester. Je passai toute une nuit en cette position, crai-
» gnant d'être assassiné ou noyé dans la rivière. Mais le lendemain,
» les voleurs me vinrent délier et je pus rentrer en ville, seulement

---

(1) *Manuscrit*. .... Et me donna trois fois à disner, me assit à sa table où estoit assise la ducesse, sa femme, et le duc de Tartarie, pourquoy je vey mengier char et poisson à sa table, par ung jour de vendredi..........

(2) *Manuscrit*. .... Lequel or et argent, je reffusay et luy rendy pour ce que à celui temps et heure s'estoit alliez avecq les Housses contre notre foy.........

» vêtu de ma chemise. Je perdis en cette affaire environ 120 ducats et
» autres choses précieuses. Je fis tant auprès du Waïwode Alexandre,
» qui était seigneur de Bialigorod, que neuf de ces voleurs furent saisis ;
» on me les livra la corde au cou. Mais, comme ils restituèrent mon
» argent, j'intercédai pour eux et je leur sauvai la vie (1). »

Poursuivant son voyage, l'ambassadeur envoya ses gens et ses bagages par mer à Caffa en Crimée et se rendit en cette ville par de vastes déserts qui lui prirent dix-huit jours de marche. Il trouva campé sur le Dnieper un Khan tartare, qui le reçut gracieusement, lui servant des esturgeons cuits avec une sauce excellente. Puis il l'aida à passer avec toute sa suite le Dnieper, qui a une lieue de large en cet endroit, sur un pont de bateaux.

De nouvelles aventures attendaient Gilbert pendant ce voyage.

« Deux jours après que j'eus quitté Jambo, dit-il, il me survint une
» fâcheuse aventure, je perdis pendant une nuit et un jour une partie
» de mes chevaux, mes truchements, mes gens et mes guides, au
» nombre de vingt-deux. Des loups sauvages et affamés s'étaient jetés
» sur mes chevaux pendant que je reposais au milieu d'une forêt soli-
» taire, ils avaient suivi à plus de trois lieues mes gens qui avaient pris
» la fuite. Mais le lendemain, avec la grâce de Dieu et au moyen de
» plusieurs pèlerinages que mes gens et moi nous promîmes d'accom-
» plir, nous retrouvâmes tout notre monde.... (2) Peu de temps après,
» il m'arriva encore une autre aventure : Comme je me rendais chez
» un Khan tartare, qui demeurait à une journée de là, au désert de
» Caffa, et vers lequel je me rendais comme ambassadeur, je tombai
» dans une embuscade de soixante à quatre-vingts Tartares à cheval qui
» s'élancèrent hors des roseaux et qui voulurent s'emparer de moi.....
» mais comme je pus leur démontrer que leur Khan était un grand ami
» du duc Witholt, ils me relâchèrent moyennant un cadeau en pain,
» en argent, en vin et en martres, et ils me conduisirent même en lieu
» sûr. »

Gilbert arriva enfin à Caffa en Tartarie, qui appartenait aux Génois,

---

(1) *Manuscrit*. .... que les larrons jusques à neuf furent prins et à moy livrez, la hart au col, en ma franchise de les faire morir ; mais ils me restituèrent mon argent ; lors, pour l'honneur de Dieu, priay pour eulx et leur sauva la vie.

(2) *Manuscrit*. .... mais lendemain, moyennant la grâce de Dieu et pluisieurs pelérinages que je voay avecq mes gens qui encore estoient avecq moi...... ..

les habitants de cette ville lui firent honneur, le traitèrent avec distinction et lui offrirent vingt-quatre caisses de confitures, quatre torches, cent caisses de cire, un tonneau de malvoisie et du pain ; ils lui bâtirent même un logement dans la ville (1).

Il songea immédiatement à réunir tout ce qu'il fallait, guides, truchements, équipages, pour tourner la mer Noire et se rendre par terre à Jérusalem ; mais il lui fut impossible d'accomplir cette résolution ; il y avait d'immenses déserts à traverser ; il fallait passer au milieu de différents peuples de mœurs, de langues et de religions diverses, de sorte qu'il prit le parti de vendre ses chevaux et de s'embarquer sur une galère vénitienne qui le conduisit à Constantinople (2).

L'ambassadeur trouva en cette ville, le vieil empereur Manuel et son jeune fils : « Je leur présentai, dit-il, les lettres des rois de France et
» d'Angleterre et je leur manifestai le désir qu'avaient ces deux mo-
» narques de voir se réunir l'Église de Rome à l'Église grecque. Cette
» affaire fut débattue en présence de l'envoyé du Pape et dura plu-
» sieurs jours.... Le jeune empereur me mena à la chasse et me donna
» à dîner dans les champs (3). A mon départ, le vieil empereur me
» remit trente-deux aunes de velours blanc et me fit montrer les mer-
» veilles et anciennetés de la ville et des églises.... Il me fit cadeau
» d'une croix avec la grosse perle et qui contenait cinq grandes re-
» liques .. Je donnai depuis cette belle croix à notre chapelle de
» famille en l'église St-Pierre à Lille (4). »

Gilbert de Lannoy quitte avec peine l'antique Byzance, oubliant sa qualité d'ambassadeur, il voulait aller combattre Moustapha qui, au mépris des traités conclus avec l'empereur d'Orient, avait voulu étendre plus loin l'empire qui lui était assigné. Il espérait qu'il y aurait là de bons coups d'épée à donner, et déjà il avait frété un bâtiment qui était

---

(1) *Manuscrit.* .... et me tendirent ung hostel espécial pour moy en la ville.....

(2) *Manuscrit.* .... Sy vendy là mes chevaulx, et trouvay, dedans neuf jours, quatre galères de Venise qui venoient de la Tasse, avec lesquelles je revins en la ville de Perée et en Constantinople.

(3) *Manuscrit.* ... Et me mena le jeune empereur plusieurs fois à ses chasses et me donna à disner dans les champs.........

(4) *Manuscrit.* .... Laquelle croix, je fis depuis à mon retour, en chasse en ung angèle d'argent et le donnay depuis à nostre chapelle de Saint-Pierre à Lille, et pourchassay, à l'ayde de Monseigneur de Santes, mon frère, pardons à perpétuité, sept ans et sept quarantaines.

prêt à partir, lorsque l'empereur Manuel fit arrêter le navire, ne voulant pas qu'il exposât sa vie pour si peu (1).

Au lieu d'aller en guerre, le navire prit la route de l'île de Rhodes où il laissa ses bagages et ses joyaux, ainsi qu'une horloge d'or que le roi d'Angleterre lui avait remise pour l'empereur turc, mais qu'il n'avait pu lui offrir puisqu'il était mort au moment de son arrivée. C'est dans cette île qu'il se sépara de ses nombreux compagnons, avant de continuer son voyage pour Jérusalem, il conserva seulement avec lui le roi d'armes d'Artois et Jean de la Roë (2).

Gilbert se rend d'abord à l'île de Candie où il passe six semaines en fêtes et dîners, il y est choyé par tous les gentilshommes de cette île, qui appartenait aux Vénitiens. Un autre navire le conduit ensuite à Alexandrie. De cette ville, il se dirige par terre à Rosette, où il s'embarque pour le Caire. « Au Caire, je visitai, dit-il, tout ce qui était à
» visiter ; je fus reçu par le patriarche de l'Inde, qui m'offrit comme
» ambassadeur du roi de France, une fiole de fin baume de vigne, re-
» cueilli dans le pays dont il est seigneur. Puis, accompagné de tru-
» chements sarrasins, et muni de tentes et de victuailles, dont nous
» avions chargé des chameaux et des ânes, je fis le voyage de Sainte-
» Catherine du Mont Sinaï, en traversant les déserts d'Égypte et en
» côtoyant la mer Rouge pendant onze jours.... Il y a là une église
» qui a la forme d'un château-fort carré ; on y voit réunies les trois lois
» de Jésus-Christ, de Moïse et de Mahomet, occupant chacune une
» église séparée (3); dans celle de notre culte repose la plus grande
» partie du corps de Sainte-Catherine.... Je montai sur la montagne
» où Notre-Seigneur donna la première loi à Moïse ; et enfin plus haut
» encore, à l'endroit où le corps de Sainte Catherine fut enseveli par
» les anges du paradis.... Dans une autre partie du désert, j'allai visiter

---

(1) *Manuscrit*. .... mais l'empereur de Constantinople fist arrêter ma nef, et ne voult, pour la doubte de ma vie.........

(2) *Manuscrit*. .... Et laissay là toutes mes gens séjournant, qui grand desplaisir en eurent, jusques à mon retour, et m'en alay, seullement moy troisième, c'est à scavoir ledit Roy d'Arthois, Jehan de Roë et moy, pour parfaire plus discrètement mes visitations, le chemin qui s'ensieut.

(3) *Manuscrit*. ....' Et y a une esglise à Sainte-Katherine à manière d'un chastel, forte et quarrée, où les trois loix de Jhesuchrist, de Moyse et de Mahommet sont en trois esglises représentées. Et en la nostre gisent les oz de la plus grant partie du corps de sainte Katherine............

» une pierre carrée merveilleusement grande, qui servit jadis au
» peuple d'Israël. On y voit douze sources d'où jaillissent autant de
» fontaines d'eau vive qui abreuvaient les douze lignées d'Israël. Cette
» pierre est là, seule, à moitié cachée sous le sable, loin du rocher
» et des montagnes. »

Gilbert consacra ensuite seize jours à descendre le Nil, visitant sur son chemin une église chrétienne de Saint-Georges, une abbaye de Jacobins, dédiée à Saint-Antoine, où il y avait cinquante moines circoncis, quoique chrétiens (1), et l'ermitage de Saint-Paul au désert. Près de cet ermitage, il va de pauvres malheureux tout nus se battre pour obtenir un peu d'eau et ainsi étancher leur soif. (2)

Le 13 juin 1422. Il s'embarque sur un bras du Nil et arrive, au bout de trois jours, à Damiette (3). Il fut ensuite conduit à Rama et atteignit enfin Jérusalem.

Arrivé à la ville sainte, le voyageur s'arrête. Il énumère longuement les endroits visités par les chrétiens qui vont en terre sainte. Voici comment il commence le récit de ces pèlerinages :

« Vous devez savoir que dans tous les lieux ci-dessous nommés où
» vous trouverez le signe de la croix, il y a pleine absolution de peine
» et de châtiment. Et là où l'on ne rencontre pas ce signe, on jouit de
» sept ans et de sept quarantaines de pardon. » (4)

Il consacre plusieurs pages à cette nomenclature, on dirait que de Lannoy a déposé l'épée et le haubert de chevalier pour prendre le froc monastique et le bourdon, ne voulant entretenir le lecteur que de choses pieuses. Cependant ces pèlerinages étaient aussi un voyage de reconnaissance au point de vue militaire. Gilbert n'oublie pas de décrire les lieux comme soldat et il est à supposer qu'il mêlait les deux

---

(1) *Manuscrit* ..... Saint Anthoine est une abbaye de moines Jacobitains, cristiens circoncis, dont il y a cinquante.

(2) *Manuscrit* ..... Et illecq vindrent des Incidiens tous nudz en quantité, pour assaillir la place afin de avoir à boire comme ceulz qui moroyent de soif, quérans éaue pour trois jours continuelz, sans le trouver par ledit désert.

(3) *Manuscrit* ..... Me party du Kaire le trésieme jour de juing, montay sur une germe en vins aval d'un bras de la rivière du Nyl jusques à Damiette en trois jours.

(4) *Manuscrit* ..... Et veuilliez sçavoir que, en quelconques lieux cy-après nommez où vous trouverez le signe de la croix, il y a pleine absolucion de peine et de coulpe, es aultre lieux nommez cy après où point n'y a le signe de la croix, il y a sept ans et sept quarantaines de pardon.

espèces de notes pour détourner au besoin les soupçons. Ses récits donnent un état complet des souvenirs religieux des légendes et même des traditions plus ou moins superstitieuses se racontant alors sur la Terre Sainte. Voici comment ils sont classés: Syrie et Égypte. — Ville de Jérusalem. — Vallée de Josaphat. — Mont des Oliviers. — Montagne de Sion. — Le Jourdain. — Bethléem. — Montagne de Judée. — Cité d'Ébron. — Nazareth. — Mer de Galilée. — Mer de Syrie. (1).

Après la nomenclature descriptive des pèlerinages, Gilbert continue son récit sans d'autres divisions que celles des chapitres. Le pèlerin fait place au diplomate et au soldat; nous trouvons une reconnaissance militaire exacte, complète, d'une netteté et d'une sagacité remarquables. C'est à cette partie du récit que commence le manuscrit de la Bibliothèque Bodléienne d'Oxford publié en 1821 par Webb, sous le titre :

A Survey of Egypt and Syria, under taken in the jour 1422, by sir Gilbert de Lannoy, etc. (2)

Après avoir fait une longue description d'Alexandrie et du bras du

---

(1) Nous croyons devoir donner la nomenclature des pèlerinages suivant les titres du manuscrit :

S'ensieuvent les pèlerinages, pardons et indulgences de Suoy et Egypte.

Cy s'ensieuvent les pardons et indulgences et les pèlérinaiges qui sont dedans la cité de Jérusalem.

Cy s'ensieuvent les pèlérinaiges du val de Josaphat.

Cy s'ensieuvent les pèlérinaiges du mont des Olivet.

Cy s'ensieuvent les pèlérinaiges du val du mont de Syon.

Cy s'ensieuvent les pèlérinaiges du mont de Syon.

Cy s'ensieuvent les pèlérinaiges de Béthanie.

Cy s'ensieuvent les pèlérinaiges de Flun Jourdain.

Cy après s'ensieuvent les pèlerinaiges de Béthléem.

Cy s'ensieuvent les pèlérinaiges de la montaigne de Judée.

Cy s'ensieuvent les pèlérinaiges de la cité d'Ebron.

Cy s'ensieuvent les pèlérinaiges de Nazareth.

Cy s'ensieuvent les pèlérinaiges de la cité de Nazareth.

Cy s'ensieuvent les pèlérinaiges de la mer de Galilée.

Cy s'ensieuvent les pèlérinaiges qui sont devers la mer de Surie.

(2) Le manuscrit de la Bibliothèque Bodléienne d'Oxford a pour titre :

Ch'est le rapport que fait Messire Guillebert de Lannoy, et forme un beau volume, vélin, lettrines historiées, sans miniature ni cartes.

La traduction en anglais de J. Webb a été publiée dans l'*Archæologia Britannica* (t. XX, p. 281-444).

Nil dont l'embouchure est à Rosette (1), voici ce que dit Gilbert en parlant du Caire :

« C'est la principale ville de l'Egypte ; elle est située sur le Nil qui
» vient du Paradis-Terrestre ; elle est composée de trois villes autre-
» fois distinctes : Babylone, Boulacq et Le Caire proprement dit. Elle
» a trois lieues françaises de long sur une lieue de large. Depuis une
» vingtaine d'années, elle est tombée en assez grande décadence. On
» y voit une très nombreuse population ; on y rencontre des marchands
» des Indes et de toutes les parties du monde. Au bas de la montagne
» qui domine Le Caire se trouve un vaste château où réside le Soudan
» et dont les eaux sont alimentées par le Nil. Des murailles et des
» fossés entourent la ville, ce qui n'empêche pas que pendant les
» grandes crues d'eaux tout ne soit inondé. Les fondements des mai-
» sons sont en pierres, briques et terre cuite, et les combles en chêne
» et en mauvais matériaux revêtus de terre légère...... En allant vers
» la mer où croît le *baume*, on remarque un espace de deux milles de
» long sur un de large, où toutes les maisons sont en ruines et sont
» abandonnées par suite de la mortalité qui y atteint la population. Le
» château ou palais se compose d'une quantité innombrable d'habita-
» tions. Outre le Soudan et sa cour, on y loge près de 2,000 esclaves
» à cheval que ce prince tient à sa solde et qu'il emploie à garder sa
» personne, ses femmes et ses enfants. Entre le château et la ville se
» trouve une belle et grande place comme un marché, autour de
» laquelle sont bâties cinq mosquées. Au surplus, toutes ces choses, on
» ne peut les avoir que par information, car aucun chrétien ne peut
» pénétrer dans ce château. »

Le voyageur entre ensuite dans des détails intéressants sur l'état du Soudan d'Egypte, son pouvoir, son administration et ses forces militaires ; il consacre deux chapitres pour caractériser la différence qui existait entre l'Egypte et la Syrie sous le rapport de la population. (3)

---

(1) *Manuscrit*. Cy après s'ensieut la visitacion de la cité d'Alexandrie et de la cituation d'icelle.
La visitacion du viel port d'Alexandrie en Egypte.
Cy s'ensieut la visitacion du bras du Nyl devers Alexandrie, dont la bouche s'appelle Rosette.
(2) *Manuscrit*. Cy après s'ensieut la visitacion du Kaire.
(3) *Manuscrit*. Cy s'ensieuvent les conditions et natures des Soudans de Babi-

« L'Egypte est un pays plat et ouvert ; la Syrie, au contraire, a des
» rochers et des montagnes ; les Sarrazins, natifs de Syrie, sont meil-
» leurs gens de guerre et plus propres à la défense du pays que ceux
» d'Égypte ; ils ont, en général, d'excellents chevaux ; ils sont armés
» d'arcs, de flèches, d'épées, etc...... De même qu'en Egypte, on
» trouve autour de Damas et de Jérusalem et dans presque toute la
» Syrie, des Arabes qui, en temps de guerre, viennent au secours de
» leur seigneur, montés sur des chevaux et des chameaux. On ren-
» contre aussi dans ce pays des Turcomans, gens natifs de Turquie qui
» ont l'autorisation de résider sur les terres du Soudan et qui forment
» une population nomade, fort bien armée et très courageuse ; ils sont
» beaucoup plus braves que les Arabes ou les Sarrazins du pays, aussi
» les redoute-t-on beaucoup. »

L'ambassadeur, dans toute cette description, tient à instruire les
princes, ses mandants, de toutes les particularités qui concernent les
forces dont les Sarrazins pourraient disposer en cas d'attaque. Il en est
de même pour tout ce qui se rapporte au Nil, à son cours et à ses
débordements (1). Voici un fait qu'il raconte à propos de la crue des
eaux de ce fleuve.

« J'appris que le motif qui fait grossir chaque année le Nil est l'abon-
» dance de pluies qui tombent vers les mois de mars et d'avril à envi-
» ron cent journées du Caire, dans le royaume du prêtre Jean, où ce
» fleuve passe ..... Le Soudan ne saurait empêcher la crue du Nil,
» mais le prêtre Jean le pourrait faire et donner même un autre cours
» au fleuve, s'il le voulait ; mais il s'abstient pour ne pas faire mourir
» de faim la grande quantité de chrétiens qui habitent l'Egypte. Quant
» au Soudan, il ne laisse aller aucun chrétien en Judée par la mer
» rouge, ou par le Nil, de crainte qu'il se rende chez le prêtre Jean
» pour traiter avec lui le moyen de changer le cours du fleuve. »

Le Nil conduit de Lannoy à Damiette où il étudie d'une manière par-
ticulière la rivière et les riviérettes qui en partent et vont tomber

---

lonne, de leurs admiraulx et esclaves et des Sarrazins d'Egypte, de la nature des
pays de l'Egypte et de Surie.
Manuscrit Cy après s'ensieut la différence des païs d'Egypte et de Surie.

(1) *Manuscrit.* Cy s'ensieut la nature de la rivière du Nyl, et la visitacion d'icelle
depuis deux journées au deseure du Kaire jusques au port de Damiette.

dans le port de Thènes, parle du lac Lestaignon (1). Puis il décrit Thènes, Joppé qui jadis était une grande ville fermée, mais ruinée, et où les pèlerins logeaient dans trois caves abandonnées, Rama, grosse ville non fermée, bien bâtie de maisons en pierres blanches, située au milieu de magnifiques jardins, Jérusalem à qui il ne consacre que peu de mots. (2)

« De Rama à Jérusalem, il y a vingt milles ; tout ce pays est dur et
» montagneux, pauvre et sauvage, point de culture ; seulement on y
» trouve quelques vignobles. En chemin, on rencontre trois ou quatre
» châteaux édifiés jadis par les chrétiens, et quelques villages......
» Jérusalem est située au penchant d'une montagne, au-dessus de la
» vallée de Josaphat..... ; c'est une ville bien bâtie, les maisons sont
» belles, toutes ont une terrasse, l'eau y est rare et chère, car il n'y
» pleut presque pas...... La meilleure eau qu'on y trouve est celle d'un
» puits creusé dans l'église du Saint-Sépulcre. Hors de la ville, à
» l'orient, on remarque un petit château désemparé à une *portée de*
» *canon* de la ville et dans les murs un autre petit château bâti en
» belles pierres blanches taillées, appelé le château de David, celui-ci
» habité et gardé...... La cité est fermée tout autour de murailles peu
» élevées et de mauvaises tours ; les fossés ne sont pas meilleurs,
» aussi ne saurait-elle résister longtemps à une attaque ; ce qui fait sa
» force, c'est qu'elle a une position très favorable...... Le pays des
» environs est pauvre, plein de montagnes et privé d'eau. »

Après Jérusalem, notre voyageur visite et décrit Saint-Jean d'Arc, Beyrouth, Damas et Gallipoli. (3)

---

(1) *Manuscrit.* Cy s'ensieut la fasçon du lacq de Lescaignon.
(2) *Manuscrit.* Cy après s'ensieut la visitacion du port de Thènes
Cy après s'ensieut la visitacion de Jaffe.
Cy après s'ensieut la visitacion de Rama.
Cy après s'ensieut la visitacion de Jherusalem en brief.
(3) *Manuscrit.* S'ensieut la visitacion du port d'Acre.
Cy après s'ensieut la forme de la ville d'Acre.
Cy après s'ensieut la visitacion du port de Sur.
Port pour grosses nefs à Sur.
Cy après s'ensieut la forme de la ville de Sur.
Cy après s'ensieut la visitacion de Sayette.
Cy après s'ensieut la forme du port de Sayette.
Cy après s'ensieut la visitacion du port de la ville de Baruth.
Cy après s'ensieut la visitation de Damas en brief.
Cy après la visitacion de Gallipoli assis en Grèce ou destroit de Rommenie.

Lorsqu'il a terminé la relation de son voyage en Terre-Sainte, Gilbert de Lannoy démontre aux deux rois et au duc à qui ce rapport est destiné, combien il est facile de descendre en Syrie avec une bonne armée :

« Vis à vis de Gallipoli, entre la mer appelée le détroit de Romanie,
» il y a une belle tour d'où les Turcs passent d'un pays à l'autre ; la mer
» n'y a guère que trois ou quatre milles de large. Celui qui s'empare-
» rait de cette espèce de château et du port qu'il commande serait
» maître du passage, et les Turcs ne sauraient conserver un pied de
» terre en Grèce. De Constantinople à Gallipoli, il y a cent cinquante
» milles. Devant cette deuxième ville, la mer est sûre ; on y pourrait
» parfaitement mettre de gros navires à l'ancre. »

Messire de Lannoy revient par Rhodes et Venise, mais en traversant l'Allemagne, il fut arrêté par le bâtard de Lorraine ; le comte de Vaudemont intervint en sa faveur, et il put sans obstacle poursuivre son voyage. (1) Il se rendit à Londres et fit au jeune roi d'Angleterre un rapport détaillé sur la mission que lui avait confiée le roi son père. Il lui remit ensuite en plein conseil, l'*horloge* en or dont nous avons parlé plus haut et qui avait d'abord été destinée au grand Turc. Le roi d'Angleterre récompensa généreusement son ambassadeur, lui donna au départ 300 nobles et le défraya de toutes ses dépenses. (2)

La vie guerrière de Gilbert de Lannoy recommence ensuite en 1426, il va combattre contre les Hollandais (3) ou plutôt contre la célèbre Jacqueline de Bavière, devient gouverneur de Rotterdam, et assiste, l'année suivante, à la bataille de Brouwershaven avec le duc de Bourgogne.

Aux combats succède une ambassade, le duc Philippe-le-Bon l'envoie, en 1428, vers le roi de Bohême et le duc d'Autriche, pour traiter

---

(1) *Manuscrit.* Delà, retournay à Rhodes et delà à Venise, le chemin accoustumé, et delà, revint par les Allemaignes, où je fus prins du bastard de Lorhaine, mais le comte de Waudemont me fist délivrer.

(2) *Manuscrit.* L'an vingt et trois, moy revenu de mon dessusdit voyaige, alay à Londres, devers le jeune roy d'Angleterre, faire mon rapport de la charge que me avait baillie le feu roy d'Angleterre son père..........

(3) *Manuscrit.* S'ensieuvent les guerres de Hollande.
L'an vingt et six fus en la première armée que Monseigneur le duc fist en Hollande contre Madame de Hollande et ses alliez..........

l'affaire des Hussites en Hongrie (1). A Bade, il rencontre l'empereur Sigismond qui lui accorde l'insigne honneur de porter devant lui l'épée impériale pendant une grande cérémonie.

Pour le récompenser à son retour, le duc Philippe de Bourgogne lui donne rang parmi les premiers vingt-cinq membres des chevaliers de la Toison d'or, ordre qu'il venait de créer (2).

Profitant d'une ambassade près du roi d'Écosse dont il est chargé en 1430, Gilbert va visiter, une seconde fois, en Irlande, le trou de saint Patrice, dont il fait la description (3).

« L'endroit du purgatoire de saint Patrice ressemble à une fenêtre
» flamande fermée à clef. Le trou a neuf pieds de long ; il est maçonné
» de pierres noires. Dans ce trou, où je restai enfermé pendant trois
» heures, se trouve l'orifice de l'enfer que saint Patrice recouvrit d'une
» grosse pierre. »

Les gens de Cassel s'étaient rebellés, Gilbert accompagna le duc de Bourgogne pour les combattre, mais ils se rendirent. Cette expédition terminée, il est envoyé, en 1433, avec l'évêque de Nevers, élu archevêque de Besançon et autres au concile de Bâle (4).

Après avoir perdu sa deuxième femme, de Lannoy partit, le 2 janvier 1435, en pèlerinage à Saint-Jacques en Galicie pour accomplir un vœu fait lors du trépas de sa femme. A son retour il va rejoindre le duc de Bourgogne, dont il rencontra l'armée entre Saint-Omer et Gravelines. Le 2 juillet 1437 il eut à soutenir un siège à l'Écluse que les Brugeois avaient mis devant cette ville et qui dura dix-huit jours.

A cette date, se produit, dans la vie de Gilbert, un espace de sept

---

(1) *Manuscrit.* L'an vingt huit, le deuxième jour de janvier, partant de l'Ecluse me envoya mondit seigneur le duc en ambaxade, pour le fait des Houssen en Hongrie..........

(2) *Manuscrit.* L'an vingt et neuf, publia Monseigneur le duc Philippe de Bourgongne son ordre de la Thoison, où il me fist honneur de moy eslire, l'un des vingt et cincq.

(3) *Manuscrit.* Le voyaige du Trou Saint-Patrice.

(4) *Manuscrit.* Celui an, par le jour des rois, fus à une armée avecq Monseigneur le duc de Bourgongne contre ceulz de Cassel qui s'estoient rebellez.... ..

L'an trente et trois, me envoya Monseigneur en ambaxade, ouquel je fus ung an, avecq l'évesque de Nevers, l'esliu de Besonchon et autres, devers le concile qui se tint à Basle.

années durant lesquelles on ne trouve rien en dehors du siège de l'Écluse, nous ne savons ce qu'il fit.

En 1442 (1), de Lannoy reprend ses voyages. Le duc de Bourgogne lui donne mission de se rendre auprès de l'empereur à Francfort. Peu de temps après il fit un nouveau voyage à Jérusalem ; il partit de Lille le 30 août 1446 chargé d'une mission secrète pour le roi d'Aragon qu'il rencontra aux environs de Naples. Il s'embarqua dans cette ville le 30 décembre, vit de nouveau Candie, Rhodes, la Turquie, la Syrie, et arriva par terre à Jérusalem où il séjourna quelque temps (2). Il revint par mer à Trieste, traversa le Frioul, Meningon, Ulm, Spire, Mayence, Cologne et rentra dans sa patrie après deux ans d'absence.

Nous arrivons à la fin du manuscrit de Gilbert de Lannoy qui se termine par cette phrase :

« l'an cincquante (1450) fut l'an de la Jubilée, je fus aux grans par-
» dons à Romme, etc. »

CY FINENT LES VOYAIGES QUE FIST MESSIRE GUILLEBERT DE LANNOY, EN SON TEMPS SEIGNEUR DE SANTES, DE WILLERVAL, DE TRONCHIENNES, DE BEAUMONT ET DE WAHEGNIES.

Comme l'indiquent ces lignes, Gilbert de Lannoy termina ses relations de voyage par un pèlerinage à Rome à l'occasion du Jubilé de 1450. A partir de cette date il est difficile de le suivre durant les douze années qu'il vécut encore.

En 1452, Gilbert eut la douleur de perdre sa troisième femme. En la même année et en 1453 on trouve un seigneur de Lannoy faisant partie d'une expédition contre les Gantois, sans pouvoir préciser si c'est Gilbert. En 1454, nous retrouvons encore un sire de Lannoy assistant au vœu du Faisan à l'occasion duquel eut lieu à Lille le fameux repas donné, dans le palais de la Salle, par Philippe-le-Bon, duc de Bourgogne, connu sous le nom : *Repas du faisan*. Ni Olivier de la Marche.

---

(1) *Manuscrit*. L'an quarante deux, fus en ambaxade de par Monseigneur le duc, pour le fait de Madame de Luxembourg, etc., etc., devers l'empereur que nous trouvasmes à Francfort.

(2) *Manuscrit*. L'an quarante six, le pénultième jour d'aoust, me party de Lille, pour accomplir le saint voyaige de Jhérusalem. Et avecq ce fus en ambaxade de par Monseigneur le duc, devers le roy d'Aragon.

ni Mathieu de Coucy, ne donne de prénom. Tout porte à croire que c'était Gilbert, qui avait été l'ambassadeur envoyé en Orient pour préparer les voies de la croisade, objet de ce vœu. En 1461, nous voyons encore un de Lannoy dans l'escorte du duc de Bourgogne qui accompagna Louis XI rentrant d'exil pour monter sur le trône ; le prénom manque encore. Gilbert avait alors 75 ans.

Enfin le 22 avril 1462, Gilbert de Lannoy mourut et fut enterré dans l'église Saint-Maurice, à Lille, devant le grand autel.

Nous trouvons son épitaphe décrite dans l'ouvrage : le Mausolée de la Toison d'or (1) page 13.

Cy gist Chevalier Messire Guillebert de Lannoy, *Seigneur de Willerval, & de Tronchiennes, Frère & compagnon de la Toison d'or, qui donna mille ecus de quatre 5 de gros monnoye de Flandres pour l'entretenement du Service Divin en ladite Eglise, & trépassa anno 1463, le 22 avril.*

En la même tombe gist Dame Iabelle de Drinckam, *Dame de Willerval, ma très-chère & bien aymée compagne laquelle trépassa anno 1452 le 11 de Febvrier.*

Et de l'un des cotés estoient les cartiers suivans ; Lannoy, Molembais, Mingoval, Mailly, Drinckam, Flandre, Gistelles, Dixmude & de l'autre coté : Lannoy, Molembais, Mingoval, Mailly, Ghistelles, Dudscel, Craon, Chastillon.

Ses armes portaient d'argent à trois lions de sinople armés, lampassés de gueules et couronnés d'or. Son cri d'armes était *Vostre plaisir.*

Guerrier, voyageur et diplomate, Gilbert de Lannoy semble avoir été aussi un moraliste. Il a laissé des *enseignements paternels.* M. Barrois mentionne deux fois d'après les inventaires de la Bibliothèque de Bourgogne l'ouvrage suivant : *Instructions d'un jeune prince pour se bien gouverner envers Dieu et le monde.* On lui attribue encore d'autres écrits.

---

(1) Le Mausolée de la Toison d'Or ou les tombeaux des chefs et des chevaliers du noble ordre de la Toison d'Or, contenant leurs éloges, suscriptions, épitaphes, alliances, simboles, emblemes, médailles, devises, épithètes, et cris de guerre. A Amsterdam, chez Henry Desbordes, dans le Calverstraete, 1689, 463 p. et table, in-12.

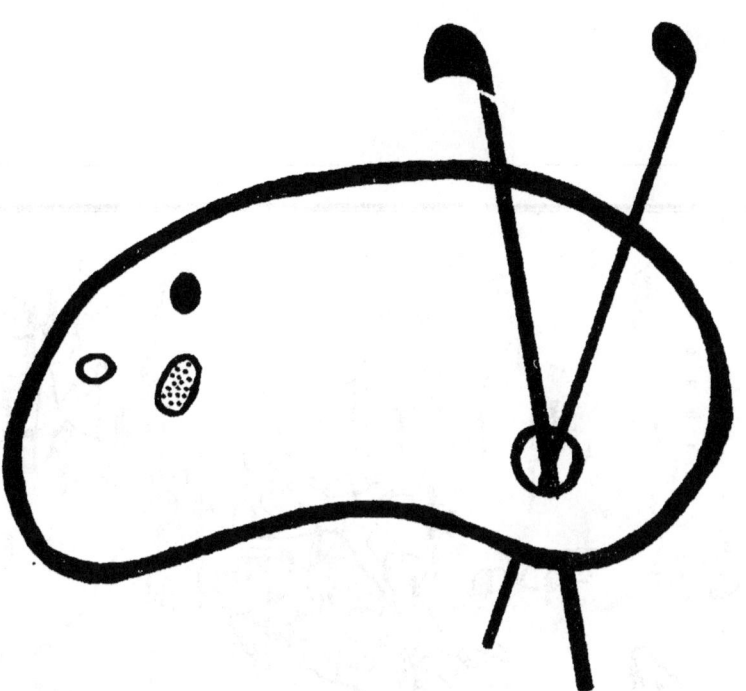

ORIGINAL EN COULEUR
NF Z 43-120-8

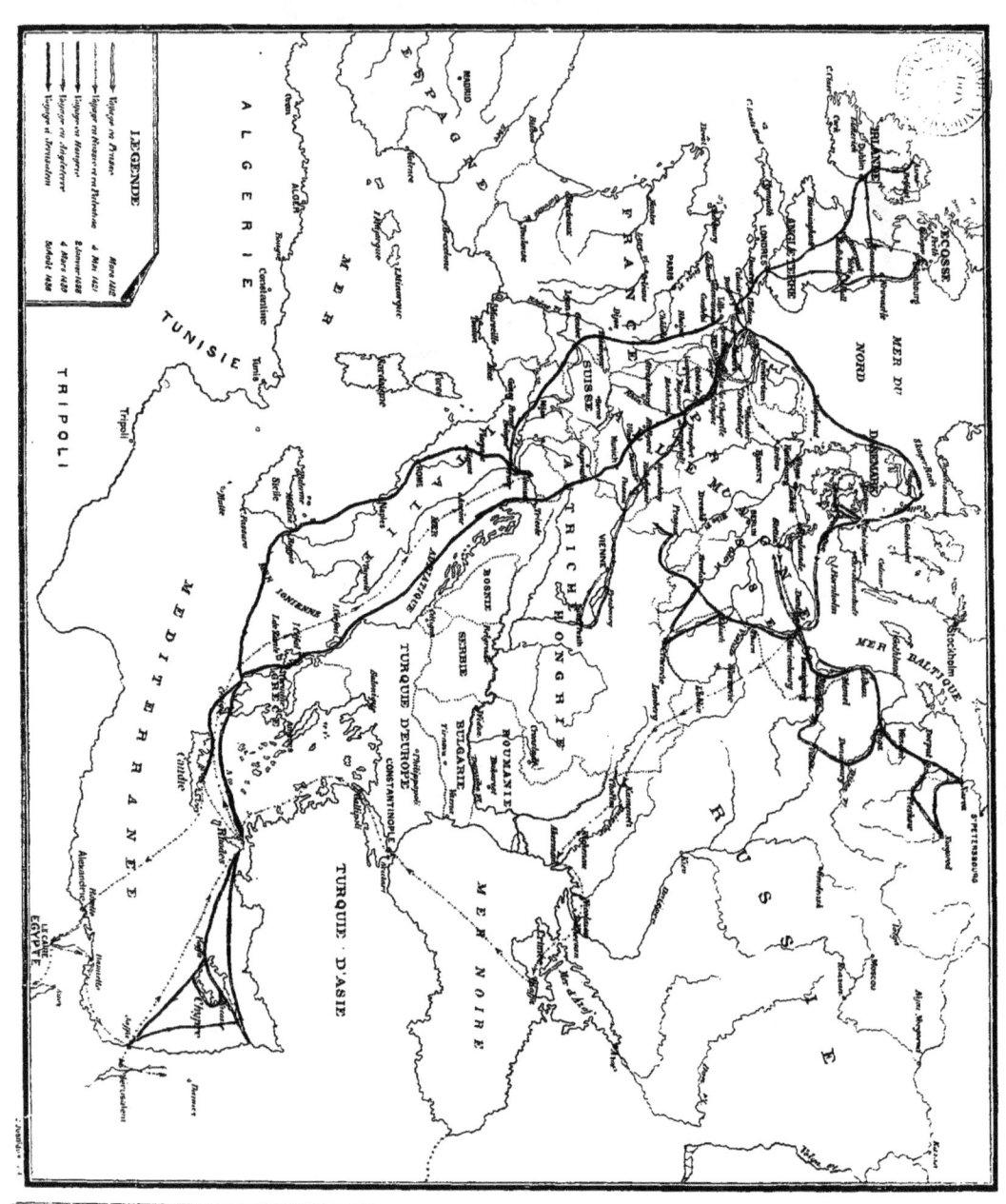

Dans les lignes qui précèdent nous n'avons guère fait que résumer la publication de M. Potvin et ce que disent de Gilbert de Lannoy MM. Gachet, Kervyn de Lettenhove, de Reiffenberg et quelques autres écrivains. Nous avons cru qu'il n'était pas inutile de rappeler qu'au Moyen-âge, il y avait des chevaliers qui unissaient à leurs goûts militaires, l'esprit d'observation du voyageur et le talent de diplomate, et que l'un des plus remarquables a été un Lillois, dont le nom est presque oublié dans la ville où il résidait : GILBERT DE LANNOY.

OUVRAGES DU MÊME AUTEUR :

Esquermes, La Madeleine-lez-Lille, notices publiées en 1851, dans le journal *La Liberté*. Lille, 1875. In-8°.

Causerie sur Rameau, faite à la Société régionale d'Horticulture, le 4 février 1883 (insérée dans le journal de la Société).

Journal du Roy en Flandre, avec une relation de ce qui s'est passé sur le vaisseau l'Entreprenant et aux combats des deux frégates à la rade de Dunkerque. — A Paris, au bureau d'adresses aux galeries du Louvre devant la rue St-Thomas, le 7 août 1680, avec privilège. *Réimpression fac-simile* avec une introduction historique et bibliographique. Lille, 1883. In-24, couverture imprimée rouge et noir avec les armes de Lille.

L'horticulture a Lille avant 1792. Causerie faite à la séance générale de la Société régionale d'horticulture de Lille, le 7 octobre 1883. Lille, 1883. In-32.

Causerie anecdotique sur les Orchidées, faite à la séance générale d'horticulture du Nord de la France, le 3 février 1884. Lille, 1884. Grand in-8°.

L'horticulture au centre de la France, et visite à la magnifique propriété de M. Mame, de Tours, causerie faite à la séance générale de la Société régionale d'horticulture, du 1er juin 1884. Grand in-8°.

Une Monnaie frappée a Lille, extrait de la Revue belge de numismatique. Bruxelles, 1883. In-8°, figure.

Biographie Béthunoise. Jean-François Le Petit, historien. Béthune, 1884. In-12.

Biographie Béthunoise. Antoine Deslions, poète et historien. Béthune, 1884. In-12.

Abbaye de Liessies. Notice sur dom Etton Larivière, religieux de cette maison. Lille, 1884. In-12.

De Paris a Londres au commencement du dix-huitième siècle. (Récit inédit) présenté à la Société de géographie de Lille. Lille, 1885. Grand in-8°.

Chronique d'une Maison Lilloise, racontée par ses parchemins. *Lue en Sorbonne le 8 avril 1885.* Lille, 1885. In-8°, figures, plans, tableau, titre et couverture imprimés rouge et noir, aux armes de Lille coloriées.

Histoire de la ville de Béthune, tirée des anciennes chroniques de Flandre et d'Artois, manuscrit inédit publié avec une table des matières. Lille, 1885. In-24, papier vergé, titre et couverture imprimés rouge et noir avec les armes de Béthune coloriées.

Biographie artésienne. Un Régicide, étude historique. Béthune, 1886. In-12.

La ville de Gannat et son évangéliaire du X° siècle, souvenir de voyage, Lille, 1886. In-8°, figure.

Londres au commencement du XVIII° siècle d'après les documents inédits, présenté à la Société de Géographie de Lille. Lille, 1886. Grand in-8°.

Souvenirs Béthunois. Un épisode de la Révolution a Béthune. Lille, 1886. In-12.

Blankenberghe et ses environs, souvenirs de voyage, présentés à la Société de géographie, le 28 octobre 1886. Lille, 1886. Grand in-8°, carte.

Essai bibliographique et Catalogue de plans et gravures concernant le bombardement de Lille en 1792. Lille, 1887. In-8°, fig. et fac-simile, titre et couverture imprimés rouge et noir.

Pascal-François-Joseph Gosselin, géographe Lillois. *Lu en Sorbonne le 1er juin 1887.* Lille 1887. In-8°, portrait et autographe.

Les mémoriaux d'Antoine de Succa, recueil de dessins artistiques concernant les Pays-Bas et particulièrement la ville de Lille. *Lu à la réunion des Beaux-Arts, le 23 mai 1888.* Paris, 1888. In-8°, fig.

Guide de la ville de Lille. Lille, 1888. In-12, plan.

Aspect de quelques maisons de Lille au commencement du XVII° siècle. Lille 1889, planche coloriée.

Lille. L'histoire locale au jour le jour par un collectionneur Lillois. Lille, 1890. Gros vol. In-8°.

Knocke, nouvelle station balnéaire sur la mer du Nord. Lille, 1890. In-8°, fig.

Épisodes de la vie de Garnison a Lille (1743-1750). Lille, 1890. In-12.

Médaille de la Société de Géographie de Lille. Bruxelles, 1890. In-8°, fig. (extrait de la Revue belge de numismatique.)

Lille imp. L.Danel.

www.ingramcontent.com/pod-product-compliance
Lightning Source LLC
Chambersburg PA
CBHW070446080426
42451CB00025B/1757